PAUL WEIS

Staatsangehörigkeit und Staatenlosigkeit im gegenwärtigen Völkerrecht

SCHRIFTENREIHE
DER JURISTISCHEN GESELLSCHAFT e.V.
BERLIN

Heft 9

Berlin 1962

WALTER DE GRUYTER & CO.

vormals G. J. Göschen'sche Verlagshandlung · J. Guttentag, Verlagsbuchhandlung
Georg Reimer · Karl J. Trübner · Veit & Comp.

Staatsangehörigkeit und Staatenlosigkeit im gegenwärtigen Völkerrecht

Von

Dr. Dr. Paul Weis

Leiter der Rechtsabteilung des Amtes
des Flüchtlingshochkommissars der Vereinten Nationen in Genf

Vortrag

gehalten vor der
Berliner Juristischen Gesellschaft
am 29. Juni 1962

Berlin 1962

WALTER DE GRUYTER & CO.

vorm. G. J. Göschen'sche Verlagshandlung · J. Guttentag, Verlagsbuchhandlung
Georg Reimer · Karl J. Trübner · Veit & Comp.

Die hier vertretenen Ansichten sind die des Vortragenden und sind nicht notwendigerweise mit denen des Amtes des Flüchtlingshochkommissars der Vereinten Nationen identisch.

Archiv-Nr. 2 727 62 3

Satz und Druck: Berliner Buchdruckerei „Union" GmbH, Berlin 61

I.

Einleitung

Zunächst möchte ich meiner Freude Ausdruck geben, hier in Berlin über die Fragen der Staatsangehörigkeit und Staatenlosigkeit im gegenwärtigen Völkerrecht sprechen zu können, — in Berlin, wo so viele hervorragende Völkerrechtler gelebt und gewirkt haben. Ich darf unter den vielen vielleicht einen Namen hervorheben, den von Professor Walter S c h ä t z e l. Dieser hervorragende Völkerrechtler hat den Fragen der Staatsangehörigkeit und Staatenlosigkeit sein besonderes Interesse gewidmet und einen bedeutenden Beitrag zu der Klärung dieser Fragen geleistet. Sein kürzlicher Tod bedeutet für uns alle und für die Völkerrechtswissenschaft einen schweren Verlust.

Wenn man von Fragen der Staatsangehörigkeit und Staatenlosigkeit im Völkerrecht spricht, so erscheint zunächst eine Klärung der Begriffe erforderlich. Der Begriff der Staatsangehörigkeit im modernen Sinne hat sich, wie Professor Schätzel betont hat, eigentlich erst im Laufe der letzten 100 Jahre entwickelt. An Stelle des Ausdrucks Staatsangehörigkeit oder Nationalität wird besonders in republikanischen Staaten häufig auch der Ausdruck „Staatsbürgerschaft" gebraucht. Die beiden Begriffe werden normalerweise zusammenfallen, doch ist das nicht notwendigerweise der Fall. Es gibt Staaten, wie z. B. einige lateinamerikanische Staaten, die einen Unterschied zwischen Staatsangehörigen und Staatsbürgern vollen Rechts machen. Der Ausdruck „Staatsbürger" legt vor allem auf das innere Verhältnis zwischen der Person und dem Staat und die staatsbürgerlichen Rechte Gewicht. Vom Standpunkt des Völkerrechts sind Unterscheidungen zwischen Staatsangehörigen unerheblich, soweit den betroffenen Personen die völkerrechtlich relevanten Eigenschaften der Staatsangehörigen zukommen.

Staatenlosigkeit ist ein negativer Begriff. Er bedeutet den Mangel des Besitzes einer Staatsangehörigkeit. Hier ergibt sich schon eine Schwierigkeit, da sich diese Frage nach dem Recht

1 W e i s , Staatsangehörigkeit

jedes Staates bestimmt. Ein Staatenloser ist also eine Person die nach dem Recht keines Staates eine Staatsangehörigkeit besitzt. Angesichts der Vielzahl der Staaten wohl eine p r o b a t i o d i a - b o l i c a. Da aber normalerweise lediglich die Frage des Besitzes oder des Nichtbesitzes von einer oder zwei Staatsangehörigkeiten in Frage steht, wird sich die Frage dennoch lösen lassen.

Prof. M a k a r o f f , der insbesondere die Frage nach der Rechtsnatur der Staatsangehörigkeit untersucht, erklärt, daß es zwei gegensätzliche Theorien gibt: die eine betrachtet die Staatsangehörigkeit als ein Rechtsverhältnis, die andere als eine rechtliche Eigenschaft (legal status). Makaroff selbst nimmt eine mittlere Stellung ein und ist der Ansicht, daß in der Beurteilung der Rechtsnatur der Staatsangehörigkeit beide Elemente in Betracht zu ziehen sind. Als Rechtsverhältnis bedeutet die Staatsangehörigkeit die Beziehung zwischen dem Staat und den Staatsangehörigen, welche aus gegenseitigen Rechten und Pflichten besteht.

Vom völkerrechtlichen Standpunkt ist diese Beziehung nur insofern relevant, als sie für die Stellung des Individuums im Völkerrecht maßgebend ist. O p p e n h e i m bezeichnet die Staatsangehörigkeit als das Band zwischen dem Individuum und dem Völkerrecht. In späteren Ausgaben, die von L a u t e r p a c h t herausgegeben wurden, wird vom hauptsächlichen Bindeglied zwischen dem Individuum und dem Völkerrecht gesprochen, daher unterstrichen, daß die Staatsangehörigkeit nicht notwendigerweise das einzige Band ist.

Ich glaube, man kann diese Beziehung nicht besser definieren als dies ein deutscher Völkerrechtler, S t o e r k , getan hat, der erklärt, die Staatsangehörigkeit vermittelt dem Individiuum das Völkerrechtsindigenat. Die Stellung des Individuum im Völkerrecht wird, erklärt er, normalerweise durch seine Zugehörigkeit zu einem bestimmten Staat bestimmt, welcher dem Individuum das völkerrechtliche Indigenat verleiht.

Von K o e s s l e r wurde der Standpunkt vertreten, es handele sich beim Staatsangehörigkeitsbegriff um einen rein formellen Begriff. Ich kann diese Ansicht nicht teilen. So viel ist richtig: Insofern als die Staatsangehörigkeit durch das staatliche Recht bestimmt wird, wird auch der Rechtsinhalt der Staatsangehörigkeit durch das innerstaatliche Recht bestimmt. Es gibt also, von diesem Standpunkt aus, so viele Staatsangehörigkeitsbegriffe als es Staaten gibt. Vom völkerrechtlichen Standpunkt sind aber nur diejenigen Beziehungen relevant, die in den völkerrechtlichen Beziehungen, also den Beziehungen zwischen Staaten, rechtserheblich sind. Ich sehe daher im Staatsangehörigkeitsbegriff im wesentlichen einen funktionellen Begriff, nämlich die Funktion, die die Staatsangehörigkeit in den Beziehungen zwischen den Staaten erfüllt.

Vom Völkerrecht gesehen, kann der Staatsangehörigkeitsbegriff nur vom Gesichtspunkt der Rechte und Pflichten von Staaten definiert werden. Hier sind zwei Beziehungen wesentlich: das Recht des Staates, dem Staatsangehörigen in Beziehung zu anderen Staaten dauernden und unbedingten Schutz zu gewähren, und die Pflicht des Staates im Verhältnis zu anderen Staaten, dem Staatsangehörigen den Aufenthalt im Staatsgebiet zu gewähren und ihn in dieses zuzulassen. Ob das Individuum ein Recht zu einem solchen Schutz hat, ist eine Frage des innerstaatlichen Rechts. Vom völkerrechtlichen Standpunkt aus hat es kein solches Recht; es handelt sich um das Recht eines Staates, nicht eines Individuums. Im Sinne des Völkerrechts ist Staatsangehörigkeit dann gegeben, wenn dieses Recht zum diplomatischen Schutz und diese Pflicht, nämlich die Pflicht zur Aufnahme, besteht. In diesem Ausmaß sind, meiner Ansicht nach, innerstaatliche Definitionen auch völkerrechtserheblich, nämlich ob die Staatsangehörigkeit diese Rechte und diese Pflichten des Staates enthält. Wo dies nicht der Fall ist, kann nach meiner Ansicht nicht von Staatsangehörigkeit im völkerrechtlichen Sinne gesprochen werden, und in solchen Fällen sind Unterschiede zwischen Staatsangehörigen relevant. Ich habe daher die Ansicht vertreten, daß die deutschen Juden, denen durch die nationalsozialistische Gesetzgebung und Praxis eine Rechtsstellung eingeräumt wurde, die diese Wesenselemente der Staatsangehörigkeit nicht enthielt — nach dem nationalsozialistischen Parteiprogramm waren die Juden Gäste im Reich — nicht als Staatsangehörige im völkerrechtlichen Sinne anzusehen waren.

Schwierige Fragen ergeben sich im Falle komplizierter Völkerrechtssubjekte, wie im Falle von Staatenverbindungen, Bundesstaat und Staatenbund, im Falle von Protektoraten, Mandatsgebieten und Treuhandgebieten. Im Falle von Staatenverbindungen ist es entscheidend, ob der Gesamtstaat oder die Gliedstaaten direkte Jurisdiktion über die Staatsangehörigen ausüben. Völkerrechtlich gesehen kann eine Doppelverbindung zwischen dem Indi-

4

viduum und dem Gesamtstaat und dem Individuum und den Gliedstaaten nicht bestehen. Die Zugehörigkeit zu einem Mandats- oder Treuhandgebiet verschafft, meiner Ansicht nach, nicht die Staatsangehörigkeit der Schutzmacht infolge der komplizierten Rechtsnatur des Treuhandschaftsverhältnisses. Doch ist diese Ansicht umstritten[1].

Da die Staatsangehörigkeit das Völkerrechtsindigenat verleiht, ist der Staatenlose in einem völkerrechtlichen Vakuum. Er wurde als res nullius — als Schiff, das ohne Flagge auf der hohen See segelt — bezeichnet. Staatenlosigkeit wurde daher seit jeher als unerwünscht betrachtet und die Bestrebungen zur Ausschaltung oder zur Reduktion der Staatenlosigkeit sind langen Datums. Ich werde auf diese Bestrebungen noch später zu sprechen kommen.

Ich komme nun zu der Frage, welche für die Staatsangehörigkeit grundsätzlich ist und gleichzeitig im Völkerrecht zu den Hauptschwierigkeiten in Fragen der Staatsangehörigkeit führt: nämlich der Grundsatz, daß Staatsangehörigkeitsfragen prinzipiell in den innerstaatlichen Bereich fallen — zu der sogenannten „domaine réservé" gehören. Dies wurde von dem Ständigen Haager Internationalen Gerichtshof autoritativ in seinem Gutachten vom Jahre 1923 über die Staatsangehörigkeitsdekrete von Tunesien und Marokko ausgesprochen[2]. Im derzeitigen Stadium des Völkerrechts, erklärte der Gerichtshof, sind Fragen der Staatsangehörigkeit nach Ansicht des Gerichts prinzipiell innerhalb der „domaine réservé". Trotzdem kam das Gericht zu dem Schluß, daß die ihm unterbreitete Frage der Staatsangehörigkeitsdekrete von Tunesien und Marokko nicht kraft Völkerrechts ausschließlich eine Frage der internen Jurisdiktion im Sinne des Artikel 15, Absatz 8, der Völkerbundsatzung sei. Das Gutachten hat daher auch dazu geführt, daß Frankreich die Auswirkung der Dekrete durch Einräumung eines Optionsrechts abschwächte.

Die Haager Konvention über einzelne, aus mangelnder Übereinstimmung der Staatsangehörigkeitsgesetze sich ergebende Fragen, bestimmt in Artikel 1:

---

[1] Siehe das Gutachten von 1950 des Haager Internationalen Gerichtshofes in der Frage des internationalen Status Südwestafrikas. ICJ Reports 1950, Seite 128.
[2] PCIJ Reports, Series B, Nr. 4.

„Dem einzelnen Staate steht es zu, durch seine Gesetzgebung
zu bestimmen, wer seine Staatsangehörigkeit besitzt. Die anderen Staaten müssen diese Gesetzgebung anerkennen, so weit
sie mit den internationalen Verträgen, der internationalen
Übung und den auf dem Gebiet der Staatsangehörigkeit allgemein anerkannten Rechtsgrundsätzen im Einklang steht."

Diese Konvention ist eines der Abkommen, welche auf der
Haager Kodifikationskonferenz von 1930 auf dem Gebiet der
Staatsangehörigkeit angenommen wurden. Überdies nahm die
Konferenz auf diesem Gebiet drei Protokolle an, von denen ein
Protokoll über militärische Dienstpflichten in gewissen Fällen von
Doppelstaatigkeit, und ein Protokoll über einen Sonderfall von
Staatenlosigkeit in Kraft getreten sind.

Die Ergebnisse der Konferenz werden häufig als gering bezeichnet. Ich glaube aber, daß man solche Konferenzen nicht nur nach
der Zahl der Ratifikationen, nach ihren direkten Auswirkungen
beurteilen darf. Der Wert der Haager Konferenz liegt darin, daß
sie durch ihre Vorarbeiten und die Erklärungen der Staatenvertreter
bei der Konferenz viel Aufschluß über die Staatenpraxis in Fragen
der Staatsangehörigkeit gegeben hat. Überdies haben sich die Ergebnisse der Konferenz über die Zahl der Ratifikationsurkunden
hinaus indirekt ausgewirkt, indem sie vielfach die Gesetzgebung der
Staaten beeinflußt haben.

Damit bin ich bei der Grundfrage meines Vortrages angelangt,
nämlich, gibt es ein Völkerrecht der Staatsangehörigkeit? Soweit
Fragen der Staatsangehörigkeit durch Verträge geregelt sind,
zweifellos. Gibt es aber auf dem Gebiet der Staatsangehörigkeit
ein internationales Gewohnheitsrecht und allgemein anerkannte
Rechtsgrundsätze? Nach der Haager Konvention muß innerstaatliche Gesetzgebung auf dem Gebiet der Staatsangehörigkeit nicht
anerkannt werden, wenn sie mit internationalen Verträgen, inter-
nalem Gewohnheitsrecht oder den allgemein anerkannten Grundsätzen auf dem Gebiet der Staatsangehörigkeit im Widerspruch
steht. Es scheint hier notwendig, diese Rechtslage klar auszu-
drücken. Ob eine Person die Staatsangehörigkeit eines Staates
besitzt, bestimmt sich lediglich nach dem Recht dieses Staates.
Wenn dieses Recht mit dem Völkerrecht in Widerspruch steht,
stellt es eine Völkerrechtsverletzung dar, für die der betreffende
Staat verantwortlich ist. Es braucht von anderen Staaten nicht

anerkannt zu werden, es kann ihm die extra-territoriale Wirkung versagt werden. Es wird insbesondere von internationalen Gerichten nicht angewandt werden. Solange jedoch der Staat sein Recht nicht mit dem Völkerrecht in Einklang gebracht hat, hat das Individuum die Staatsangehörigkeit, die ihm das innerstaatliche Recht zuschreibt, auch wenn es völkerrechtswidrig ist. Ihm eine andere Staatsangehörigkeit zuzuschreiben, bedeutet eine rechtliche Fiktion. Das Völkerrecht als Recht zwischen Staaten kann nicht direkt Staatsangehörigkeit verleihen oder entziehen. Staaten haben aber kraft Völkerrechts die Verpflichtung, Fragen der Staatsangehörigkeit in einem gewissen Sinne zu regeln, beziehungsweise keine Rechtsnormen zu setzen, die mit solchen Völkerrechtsregeln in Widerspruch stehen. Aufgabe meines Vortrages ist es zu untersuchen, ob und in welchem Ausmaß es solche Völkerrechtsregeln gibt. Man kann von den allgemeinen Regeln des Völkerrechts, insbesondere von den Regeln über Souveränität, Territorialhoheit, Rechtsschutz usw., gewisse Regeln ableiten, welche die Freiheit der Staaten, Staatsangehörigkeit zu verleihen oder zu entziehen, einschränken. Nur in diesem Sinne kann man von einem Völkerrecht der Staatsangehörigkeit sprechen. Dieses gliedert sich wieder in drei Teile: das, was ich als n e g a t i v e s Völkerrecht der Staatsangehörigkeit bezeichnen möchte, nämlich Regeln, die die staatliche Freiheit einschränken; p o s i t i v e Regeln, welche dem Staat die Pflicht auferlegen, Fragen der Staatsangehörigkeit in einem bestimmten Sinne zu regeln. Staatsangehörigkeitsfragen werden insbesondere völkerrechtliche Fragen, wenn

1. die Frage durch vertragliche Verpflichtungen des betreffenden Staates beeinflußt ist;

2. in Fragen der Staatsangehörigkeit von völkerrechtlichen Staatenverbindungen (composite international persons), bei denen die Beziehungen zwischen den Teilen selbst völkerrechtlicher Natur sind, wie z. B. im Falle gewisser Protektorate;

3. in Staatsangehörigkeitsfragen, die sich im Zusammenhang mit der Staatennachfolge ergeben.

Der Umstand, daß die Regelung der Staatsangehörigkeit grundsätzlich eine Frage des innerstaatlichen Rechts ist, hat unvermeidlich die Folge, daß zwischen den Staatsangehörigkeitsregelungen

verschiedener Staaten Konflikte bestehen können. Insbesondere
können sie zu mehrfacher Staatsangehörigkeit oder Staatenlosigkeit führen. Eine dritte Gruppe von Völkerrechtsregeln betrifft
daher die Lösung der Konflikte, bzw. wo infolge des Grund-
satzes der innerstaatlichen Rechtshoheit eine Lösung nicht möglich ist, aber die Lösung von Schwierigkeiten, die sich aus solchen
Konflikten ergeben (völkerrechtliche K o n f l i k t s r e g e l n auf
dem Gebiete des Staatsangehörigkeitsrechts).

Ich möchte nun kurz diese Fragen des Völkerrechts der Staatsangehörigkeit erörtern, die ich ausführlich in meinem Buch „Nationality and Statelessness in International Law"[3] behandelt
habe.

II.

Völkerrechtliche Beschränkungen der Freiheit der Staaten, Staatsangehörigkeit zu verleihen und zu entziehen (Negative Völkerrechtsregeln)

A.

Erwerb der Staatsangehörigkeit

Man unterscheidet zwischen originärem und derivativem Erwerb. Der originäre Erwerb gründet sich in fast allen Staaten auf
die Abstammung, j u s s a n g u i n i s , oder die Geburt im
Hoheitsgebiet, j u s s o l i , oder eine Kombination der beiden.
Eine Ausnahme bildet das Recht des Vatikanstaates, in welchem
die Staatsangenhörigkeit lediglich durch die Bekleidung eines
Amtes und Wohnsitz im Staatsgebiet erworben wird. Gleich-
artiges nationales Recht erzeugt noch nicht Völkerrecht[4] und man
kann daher nicht von einer Völkerrechtsregel sprechen, wonach
Staatsangehörigkeit kraft Abstammung oder Geburt im Terri-
torium verliehen werden muß.

Den abgeleiteten Erwerb kann man auch als Naturalisierung im
weiteren Sinne bezeichnen, während unter Naturalisierung im

---

[3] London 1956.
[4] Siehe das abweichende Gutachten der Richter Nyholm und Altamira zur Entscheidung des Haager Internationalen Gerichtshofs im L o t u s - F a l l . P.C.I.J.
Reports Series A No. 10. SS.60—68.

engeren Sinne der Erwerb der Staatsangehörigkeit auf Antrag durch einen formellen Staatsakt zu verstehen ist. Eine Art derivativen Erwerbs, nämlich durch die Eheschließung scheint mehr und mehr zu verschwinden in dem Maße, in dem das Prinzip der Gleichheit der Geschlechter an Boden gewinnt und die Konvention über die Staatsangehörigkeit der verheirateten Frauen mehr und mehr Beitritte erhält (bisher sind 27 Staaten der Konvention beigetreten). Was die Naturalisierung betrifft, so ist eine gewisse Bindung an den Verleiherstaat wohl Voraussetzung, aber welcher Natur diese Bindung sein muß, ist nicht völkerrechtlich geregelt. Aufenthalt im Verleiherstaat ist normalerweise Voraussetzung, aber die Länge des Aufenthalts ist verschieden geregelt und Verleihung der Staatsangehörigkeit ohne Aufenthaltsbedingung kann nicht als völkerrechtswidrig betrachtet werden, soweit sonst eine gewisse tatsächliche Bindung dem Verleiherstaat gegenüber besteht. So setzt z. B. das großbritannische Recht Staatsdienst (crown service) mit Aufenthalt gleich, was gewiß nicht als völkerrechtswidrig anzusehen ist.

Es ist jedoch als eine Regel des Völkerrechts anzusehen, daß die Naturalisierung eines Ausländers einen freiwilligen Akt des Individuums voraussetzt. Als im 19. Jahrhundert lateinamerikanische Staaten Gesetze erließen, durch welche Ausländer ihre Staatsangehörigkeit durch Grunderwerb erhalten sollten (z. B. Mexiko: Verfassung von 1857 und Gesetz vom 28. 5. 1886, Peru: Verfassung von 1839, wo auch Aufenthalt von 4 Jahren oder Ehe mit einer peruanischen Staatsangehörigen den automatischen Erwerb der Staatsangehörigkeit zur Folge haben sollten) führte dies zu Protesten von einer Reihe von Staaten, welche diese Verleihung als völkerrechtswidrig ansahen. Das brasilianische Gesetz wurde in dem Sinne geändert, daß den Betroffenen die Möglichkeit gegeben wurde, innerhalb 6 Monaten eine Erklärung abzugeben, wonach sie ihre bisherige Staatsangehörigkeit beibehalten wollten[5]. Die Frage tauchte wieder auf, als in Argentinien unter Peron ein Gesetz verabschiedet wurde, wonach Ausländer nach 5 Jahren automatisch die argentinische Staatsangehörigkeit erwerben sollten. Das Gesetz wurde nach dem Verschwinden des Peron-Regimes auch entsprechend abgeändert.

---

[5] Siehe auch die Enescheidung US-Mexican Mixed Commission von 1868, im Falle A n d e r s o n und T h o m s o n. Schiedsrichter Dr. Lieber.

Wo ein Gesetz kraft rechtens Staatsangehörigkeit an Ausländer verleiht, ist dies nicht als Zwangseinbürgerung anzusehen, sondern nach Völkerrecht lediglich als ein Angebot der Naturalisierung, das entsprechend dem Grundsatz der Freiwilligkeit der Annahme bedarf. Eine solche Annahme kann sowohl ausdrücklich als auch stillschweigend erfolgen. Im Zweifel ist nationales Recht so auszulegen, daß es dieser Regel des Völkerrechts entspricht. Der Grundsatz Ciceros „ne quis invitus civitate mutetur" gilt also noch heute. Was ist aber der Völkerrechtsgrund dieser Regel? Da dem Individuum keine direkten Rechte aus dem Völkerrecht zukommen, wohl nur der Grundsatz, daß durch eine solche Verleihung in das Schutzrecht des Staates der Staatsangehörigkeit eingegriffen würde. Es folgt daraus, daß dort, wo kein solches Schutzrecht besteht, also beim Staatenlosen, der erwähnte Grundsatz nicht gilt, es sei denn, man nehme, wie manche Autoren, den Bestand eines allgemeinen Völkerrechtsgrundsatzes an, daß die Staatsangehörigkeit nicht aufgezwungen werden kann. So kann auch das israelische Staatsangehörigkeitsrecht völkerrechtlich nicht beanstandet werden, welches die Staatsangehörigkeit durch die Einwanderung verleiht, jedoch Personen, die eine andere Staatsangehörigkeit haben ein Ausschlagungsrecht gibt, jedoch nicht Staatenlosen.

B.

Verlust der Staatsangehörigkeit

Staatsangehörigkeit kann durch einen Akt des Staates oder des Individuums verloren werden. Schwierigkeiten entstehen vor allem dann, wenn die Staatsangehörigkeit durch einen einseitigen Akt des Staates entzogen wird, insbesondere im Falle der sogenannten Denationalisierung. In der Bundesrepublik ist ein solcher Entzug bekanntlich durch das Grundgesetz verboten. Es gibt andere Verlustgründe, wie z. B. Erlöschen, d. h. Verlust ipso jure, z. B. durch langjährige Abwesenheit im Ausland usw. Eine Anzahl von Autoren haben die Ansicht vertreten, daß der Entzug der Staatsangehörigkeit völkerrechtswidrig sei. Tatsächlich sind aber eine Reihe von Staaten zur Massenausbürgerung geschritten. Man denke nur an die Ausbürgerung der geflüchteten Gegner des Bolschewismus in Rußland durch die sowjet-russischen Dekrete von 1921 und

1924, oder die Massenausbürgerung der Juden durch das nationalsozialistische Deutschland durch die 11. Verordnung zum Reichs-
bürgergesetz vom 25. 12. 1941, eine Maßnahme, welche auch in
den von Deutschland besetzten oder mit Deutschland verbündeten
Staaten gefolgt wurde. Manche Schriftsteller erklären speziell die
Ausbürgerung als Strafe oder aus politischen Gründen als völkerrechtswidrig, andere, wie L e i b h o l z , allgemein als einen Rechtsmißbrauch, da damit die Pflicht des Staates zur Zulassung seiner Staatsangehörigen abgeworfen und solche Personen anderen Staaten auferlegt würden. Meiner Ansicht nach besteht keine solche Völkerrechtsregel. Die Frage der Zulassung ist eine Folge der Staatsangehörigkeit und ist von der Frage des Entzugs der Staatsangehörigkeit zu trennen. Es mag Fälle geben, in denen die Nichtzu-
lassung des früheren Staatsangehörigen als völkerrechtswidrig anzusehen ist, so wenn einem Staatsangehörigen während seines Aufenthalts im Ausland die Staatsangehörigkeit entzogen wird, um
ihm die Rückkehr in das Heimatland zu verwehren. In diesem Falle
wird das Recht des Aufenthaltslandes, welches den Betreffenden
in der Annahme zugelassen hat, daß er die Rückkehrmöglichkeit
besitzt, verletzt, Ausländer auszuweisen. Eine solche Nichtzulas-
sung könnte als Rechtsmißbrauch oder besser als ein Verstoß gegen
Treu und Glauben als völkerrechtswidrig betrachtet werden. In
einem solchen Falle wäre der Entzug zwar gültig, der extraterritoriale
Effekt könnte jedoch vom Aufenthaltsstaat abgelehnt werden.

Dies ist die derzeitige Rechtslage. Es mag sein, daß sich hier
eine Änderung vorbereitet. Die Konvention über die Reduktion
der Staatenlosigkeit, welche am 30. 8. 1961 im Hauptquartier der
Vereinten Nationen in New York angenommen wurde, sieht im
Art. 9 vor: ,,Ein Vertragsstaat darf weder eine Person noch eine
Gruppe von Personen aus rassischen, ethnischen, religiösen oder
politischen Gründen der Staatsangehörigkeit berauben.'' Die Konvention wurde bisher von 5 Staaten unterfertigt und wird erst
zwei Jahre, nachdem sie von 6 Staaten ratifiziert wurde, in Kraft
treten. Es mag wohl sein, daß sich hier ein neuer Völkerrechts-
grundsatz vorbereitet.

Die Frage, ob und aus welchen Gründen einer Person sonst die
Staatsangehörigkeit entzogen werden könnte, führte jedoch zu
großen Kontroversen auf der Konferenz. Diejenigen Staaten, die
in ihrem Recht diese Möglichkeit vorsehen, wollten sie erhalten,

während dies von anderen Staaten opponiert wurde. Sie drückten die Befürchtung aus, daß der Zweck der Konvention, nämlich staatenlosen Personen die Staatsangehörigkeit unter gewissen Umständen zu verleihen, vereitelt werden könnte bzw. daß Staaten durch den Entzug ihrer Staatsangehörigkeit anderen Staaten die Pflicht auferlegen könnten, solchen Personen ihre Staatsangehörigkeit zu verleihen.

Ein zweifellos gutgemeinter deutscher Vorschlag eines Kompromisses in dem Sinne, daß zum Zeitpunkt des Inkrafttretens der Konvention bestehende Entziehungsgründe durch Erklärung an den Generalsekretär aufrechterhalten werden könnten, führte sogar zur Niederlegung des Vorsitzes durch den Vorsitzenden der ersten Konferenz, welche im März und April 1959 in Genf abgehalten wurde und zum Niederbruch der Konferenz. Auf der fortgesetzten Konferenz in New York 1961 einigte man sich auf eine Bestimmung, welche zunächst den Grundsatz ausdrückt, daß einer Person die Staatsangehörigkeit nicht entzogen werden darf, falls sie dadurch staatenlos würde. Dessen ungeachtet darf jedoch die Staatsangehörigkeit entzogen werden im Falle eines naturalisierten Staatsangehörigen, der sich für mindestens 7 Jahre im Ausland aufhält und seinem Willen, die Staatsangehörigkeit beizubehalten, nicht Ausdruck gegeben hat; im Falle eines außerhalb des Staatsgebiets geborenen Staatsangehörigen, falls er nicht innerhalb eines Jahres nach der Großjährigkeit seinen Aufenthalt im Staatsgebiet aufnimmt oder sich bei einer zuständigen Behörde registriert.

Ferner kann sich ein Staat das Recht sichern, einer Person ihre Staatsangehörigkeit abzuerkennen, wenn dieser sich zur Zeit der Unterzeichnung, der Ratifizierung oder des Beitritts die Wahrung eines solchen, bereits in seiner innerstaatlichen Rechtsordnung verankerten Rechts ausdrücklich vorbehält. Dies ist jedoch beschränkt auf die folgenden Tatbestände:

a) Die betreffende Person hat im Widerspruch zu ihrer Loyalitätspflicht dem vertragschließenden Staat gegenüber

   i) unter Mißachtung eines ausdrücklichen Verbots des vertragschließenden Staates einem anderen Staat Dienste geleistet oder Einkünfte von diesem bezogen oder

   ii) sein Verhalten war geeignet, gegen die Lebensinteressen des Staates ernstlich zu verstoßen.

b) Die betreffende Person hat einen Treueid gegenüber einem anderen Staat abgelegt oder eine formelle Erklärung der Treuepflicht abgegeben, oder sie hat ihren Entschluß unter Beweis gestellt, die Treuepflicht dem vertragschließenden Staat gegenüber aufzukündigen.

Die Konvention enthält ferner in Art. 7 Bestimmungen, die die Gründe, aus denen die Staatsangehörigkeit verloren werden kann, einschränken.

Eine andere Frage ist die der sogenannten Expatriierung oder Substitution, nämlich des Staatsangehörigkeitswechsels.

Im römischen Recht galt der Grundsatz: Nemo Potest exuere patriam — semel civis semper civis. Dem entsprach im common law die Doktrine der „perpetual and indelible allegiance". Dieser Grundsatz führte zu vielfachen Reibungen mit Einwanderungsländern, insbesondere den Vereinigten Staaten. Die große Wende kam mit dem britischen Naturalisierungsgesetz von 1870. Dieses anerkannte, daß ein britischer Staatsangehöriger die britische Staatsangehörigkeit verliert, wenn er sich im Ausland aufhält, nicht geschäftsunfähig ist und freiwillig eine andere Staatsangehörigkeit erwirbt. In den Vereinigten Staaten wurde durch Gesetz vom 27. 7. 1868 das Recht zur Expatriierung als ein natürliches und inherentes Recht, als unentbehrlich für den Genuß des Rechts zum Leben, zur Freiheit und dem Streben nach Glück erklärt. Die allgemeine Menschenrechterklärung von 1948 verkündet feierlich:

„Niemandem soll seine Staatsangehörigkeit willkürlich entzogen werden noch soll ihm das Recht verweigert werden, seine Staatsangehörigkeit zu wechseln." Dennoch ist dieses Recht heute noch durchaus nicht allgemein anerkannt, und eine Reihe von Staaten anerkennen nicht den automatischen Verlust der Staatsangehörigkeit im Falle des Erwerbs einer anderen Staatsangehörigkeit und machen diesen von einer formellen Entlassung aus dem Staatsverband (expatriation permit) oder einer Zustimmung zur ausländischen Naturalisierung abhängig. Auf der Haager Konferenz von 1930 trafen die Gegensätze hart aufeinander. Die diesbezügliche Bestimmung des Art. 6 Abs. 2 der Konvention: „Hat der Verzichtende seinen gewöhnlichen und hauptsächlichen Aufenthalt im Ausland, so soll der Staat, auf dessen Staatsangehörigkeit ver-

zichtet wird, die Genehmigung nicht versagen, sofern nach seinem
Recht die Bedingungen des Verzichts erfüllt sind", ist praktisch
bedeutungslos, da sie es den Staaten nicht verbietet, die Gewäh-
rung der Ermächtigung von welchen Bedingungen immer abhängig
zu machen. In dem im Jahre 1932 entschiedenen Fall S a l e m[6]
zwischen den Vereinigten Staaten und Ägypten, in welchem der
Präsident des Reichsgerichts Simons Oberschiedsrichter war, wurde
erklärt, daß es zulässig sei, den Verlust der Staatsangehörigkeit im
Falle des Staatsangehörigkeitswechsels von einer besonderen Be-
willigung abhängig zu machen, was bedeutet, daß der Herkunftsstaat den Emigranten wieder als seinen Staatsangehörigen behandeln kann, sobald er in das Staatsgebiet zurückkehrt. Das Schieds-
gericht könne jedoch nicht zugeben, daß, wo eine solche Rückkehr
in den Herkunftsstaat vorkommt, dieser nach Völkerrecht berechtigt ist, zu erklären, daß sein Anspruch stärker sei als der des
neuen Staates. Der Einwand Ägyptens gegen die Zuständigkeit des
Schiedsgerichts wurde daher abgewiesen.

Heute sind die Konfliktfälle, die zwischen dem Herkunftsstaat
und dem Staat, dessen Staatsangehörigkeit erworben werden soll,
entstehen können, vielfach vertraglich geregelt. Diese Verträge
sehen im allgemeinen gegenseitige Anerkennung der Naturalisierung vor. Meiner Ansicht nach kann man noch nicht von einer Verpflichtung der Staaten sprechen, den Staatsangehörigen im Ausland im Falle der Naturalisierung aus dem Staatsverband zu ent-
lassen. Man kann aber wohl behaupten, daß eine solche Entlassung
nicht verweigert werden darf, wenn

a) der Erwerb der neuen Staatsangehörigkeit völkerrechtsmäßig ist und diese von der Person in gutem Glauben nach-
gesucht wurde;

b) die Person den ordentlichen Aufenthalt im Ausland hat;

c) volljährig und nicht geschäftsunfähig ist;

d) die Entlassung nicht zur Verletzung gewisser Pflichten
gegenüber dem Staat (z. B. Militär- oder Zivildienst) führen würde, zu welchen die Person zum Zeitpunkt des Erwerbs der neuen Staatsangehörigkeit verpflichtet war;

e) der Staat sich nicht im Kriegszustand befindet.

---

[6] Siehe UN Reports of International Arbitral Awards, Band II, Seite 1187.

III.

Positive Völkerrechtsregeln

Einfluß von Staatennachfolge auf Staatsangehörigkeit

Im Falle der Staatennachfolge betrifft die Frage der Staatsangehörigkeit mindestens 2 Staaten. Sie ist daher nicht mehr ausschließlich eine Frage des innerstaatlichen Rechts. Bestehen nun Völkerrechtsregeln, wonach im Falle der Staatennachfolge Staatsangehörigkeit zu entziehen oder zu verleihen ist? Hier muß zwischen Universalsukzession und partieller Sukzession unterschieden werden. Im Falle der Universalsukzession hört der Gebietsvorgänger zu bestehen auf. Damit geht auch seine Staatsangehörigkeit unter. Man kann also hier von einer direkten Auswirkung des Völkerrechts auf die Staatsangehörigkeit sprechen. Freilich ist es häufig streitig, ob der Gebietsvorgänger tatsächlich untergegangen sei. Man denke nur an die Okkupation Polens durch Deutschland 1939, Jugoslawiens 1940, die zweifellos occupatio bellica war und nicht zum Untergang dieser Staaten geführt hat. Es wird häufig der Standpunkt vertreten, daß im Falle der Universalnachfolge die Staatsangehörigen des Gebietsvorgängers ipso facto Staatsangehörige des Nachfolgestaates werden. Diesen Standpunkt hat H a n s - J ö r g J e l l i n e k in seinem Buch „Der automatische Erwerb und Verlust der Staatsangehörigkeit durch völkerrechtliche Vorgänge" vertreten. Er findet sich auch vielfach im nationalen Recht. Von Gerichtsentscheidungen wird häufig die Entscheidung des preußischen Obersten Gerichtshofs von 1868 im Falle des Grafen Platen-Hallermund zitiert. Der Graf, ein früherer Hannoveraner, hatte Hannover mit seinem König verlassen, ehe Hannover von Preußen annektiert wurde. Das Gericht fand, er sei durch die Annektion Preuße geworden, und er wurde wegen Hochverrats verurteilt.

Meiner Ansicht nach besteht keine Völkerrechtsregel, wonach die Staatsangehörigen des Gebietsvorgängers die Staatsangehörigkeit des Nachfolgestaates erwerben. Man kann höchstens sagen, daß in Abwesenheit innerstaatlicher gesetzlicher Bestimmungen eine völkerrechtliche Vermutung besteht, daß das nationale Recht diese Wirkung hat. Dies gilt für die Einwohner des betroffenen Gebietes. Der Nachfolgestaat kann wohl auch seine Staatsangehörig-

keit an im Ausland befindliche Staatsangehörige des Vorgängerstaates verleihen, da sie sonst staatenlos würden.

Im Falle der Teilsukzession liegen die Dinge schwieriger, da die
frühere Staatsangehörigkeit nicht untergeht. Wo es sich um Zes-
sion handelt, wird die Frage wohl meistens durch Vertrag zwischen
den beiden Staaten geregelt sein. Sonst hängt die Staatsangehörigkeit von dem Recht der betroffenen Staaten ab. Wo solches Recht
mit dem Vertrag in Widerspruch steht, stellt es eine Völkerrechtsverletzung dar. Es wird häufig die Ansicht vertreten, daß die Einwohner des transferierten Gebiets die Staatsangehörigkeit des
Nachfolgestaates erwerben. Ein solcher Erwerb tritt jedoch nicht
automatisch ein, sondern hängt vom Recht des Nachfolgestaates
ab. In Abwesenheit gesetzlicher Bestimmungen mag eine solche
Regelung wohl vermutet werden. Was ist aber der Anknüpfungs-
punkt? Er wird meistens darin erblickt, daß die betroffenen Personen ihren gewöhnlichen Aufenthalt in dem transferierten Gebiet
hatten. Dies ist weitgehend die Staatenpraxis.

Verlieren sie aber die Staatsangehörigkeit des Gebietsvorgängers?
Wenn der Transfer völkerrechtsmäßig war, ist der Vorgängerstaat
verpflichtet, ihn anzuerkennen. Folgt daraus auch, daß er verpflichtet ist, den Einwohnern ihre frühere Staatsangehörigkeit zu entziehen? Dies ist wohl der Fall. Durch den Verlust der Souveränität
verliert der Gebietsvorgänger die persönliche und territoriale
Hoheit über die Einwohner des transferierten Gebietes. Ihnen die
Staatsangehörigkeit nicht zu entziehen, würde einen Eingriff in die
territoriale Hoheit des Nachfolgestaates bedeuten. Die Aufrecht-
erhaltung der Nationalität würde der Zustimmung des Nachfolgestaates bedürfen. Der Nachfolgestaat ist völkerrechtlich nicht verpflichtet, einen solchen Eingriff in seine Souveränitätsrechte zuzulassen, insbesondere in sein Recht zum diplomatischen Schutz. Man
kann also hier von einer positiven Völkerrechtsregel sprechen. Wo
aber der Gebietsvorgänger den Transfer nicht als völkerrechtsmäßig anerkennt, besteht keine Pflicht, die Staatsangehörigkeit zu
entziehen. Von Gerichtsentscheidungen mag die Schiedsentschei-
dung zwischen Deutschland und Litauen betreffend das Memel-
gebiet (Fall von Dr. Erich Treichler) vom 8. 5. 1924 erwähnt werden[7].

---

[7] UN Reports of International Arbitral Awards, Band III, S. 1721.

16

Das Problem ist schwieriger hinsichtlich von Personen, welche sich zur Zeit des Transfers außerhalb des transferierten Gebiets aufhielten. Es besteht hier kein Unterschied, ob sie sich im Gebiet des Vorgängerstaates oder im Gebiet eines dritten Staates befanden. Es hängt von dem Recht des Vorgängerstaates ab, ob solche Personen ihre Staatsangehörigkeit verlieren. Was den Nachfolgestaat angeht, bedeutet die Verleihung der Staatsangehörigkeit an Personen außerhalb der territorialen Hoheit einen Akt, der extraterritorialen Effekt haben soll und daher der Anerkennung durch den Aufenthaltsstaat bedarf. Es handelt sich hier also um einen Fall der Zwangsnaturalisierung, und die vorerwähnte Regel für diese gilt auch hier. Man kann einen solchen Akt als eine Kollektivnaturalisierung ansehen, welche der ausdrücklichen oder schlüssigen Annahme bedarf. Die Rückkehr in das transferierte Gebiet kann als ein solcher schlüssiger Akt angesehen werden.

Ich möchte hier einen Fall aus der jüngsten Geschichte erwähnen, nämlich die Frage der Staatsangehörigkeit geborener Österreicher, die zur Zeit der Wiedererrichtung der Bundesrepublik Österreich nach dem 2. Weltkrieg ihren Aufenthalt in Deutschland hatten. Diese Frage wurde vom Bundesverwaltungsgericht im Jahre 1954 in zwei Fällen, Polak gegen das Land Hessen und Ulleram gegen die Stadt Heidelberg[8] in dem Sinne entschieden, daß den Klägern ein deutsches Staatsangehörigkeitszeugnis nicht verweigert werden dürfe. In den Gründen erwähnte das Bundesverwaltungsgericht, daß das deutsche Recht die Frage des Verlustes der Staatsangehörigkeit im Falle der Gebietsnachfolge nicht regelt. Die allgemeinen Völkerrechtsregeln seien zwar Teil des deutschen Rechts, aber es gebe keine allgemein anerkannte Völkerrechtsregel, wonach die Staatsangehörigkeit im Falle einer Gebietsübertragung entzogen werden müsse. Der Verlust der deutschen Staatsangehörigkeit könne nur im Gesetzgebungswege erfolgen.

Das Bundesverfassungsgericht hat in einem Auslieferungsfall die gegenteilige Meinung vertreten[9]. Dazu ist jedoch zu bemerken, daß in diesem Fall der Kläger nicht seinen dauernden Aufenthalt im Bundesgebiet hatte und die Frage der Staatsangehörigkeit lediglich als Vorfrage zur Frage der Auslieferung entschieden wurde.

---

[8] BVerw.G II C 38/54 und BVerw.G II C 96/54.
[9] BVerf.G 1 BvR 284/54.

Diese Fälle warfen Völkerrechtsfragen auf, u. a. die Frage der Rechtsnatur des Anschlusses Österreichs an Deutschland und der Rechtsnatur der Wiedererrichtung des österreichischen Staates. S c h ä t z e l erklärt, daß die Wiederverselbständigung Österreichs völkerrechtlich als Demembration, Dereliktion oder Desannektion angesehen werden könne. Er selbst neigt der Theorie der Dereliktion zu. In Österreich wird die sogenannte Permanenztheorie vertreten, wonach der österreichische Staat während der Zeit des Anschlusses latent weiter existierte.

Die Frage wurde schließlich bekanntlich durch Gesetzgebung geregelt, und zwar durch das 2. Gesetz zur Regelung von Fragen der Staatsangehörigkeit vom 17. Mai 1956.

Es wird manchmal die Ansicht vertreten, daß kraft Völkerrechts Personen, deren Staatsangehörigkeit durch eine Gebietsnachfolge affiziert wurde, ein Wahlrecht (Option) zu gewähren sei. Dabei unterscheidet K u n z zwischen dem sogenannten älteren Optionsrecht, das durch Auswanderung aus dem übertragenen Gebiet ausgeübt wird und dem modernen Optionsrecht, nämlich durch Erklärung, die Staatsangehörigkeit des Nachfolgestaates nicht erwerben zu wollen. Es ist richtig, daß Staaten ein solches Optionsrecht häufig einräumen. Auch nach der sowjetischen Theorie ist ein solches Recht zu gewähren. Aber eine allgemeine Völkerrechtsregel kann man daraus meiner Ansicht nach noch nicht ableiten, eine Ansicht, die auch von Kunz geteilt wird, der hier von Völkerrecht in Entwicklung spricht.

Ich glaube, das Problem liegt tiefer, nämlich, ob den betroffenen Bewohnern ein Einfluß auf die Entscheidung über die Gebietsnachfolge gewährt wird. Das heutige Völkerrecht gibt ihnen kein solches Recht, aber dies wäre gewiß wünschenswert. Auch dies würde gewiß die Frage nicht vollkommen lösen, denn es müßte dann der Minorität dennoch ein Optionsrecht zugebilligt werden. Solange Souveränitätswechsel durch den Willen der Staaten, nicht durch den Willen der Individuen, gelöst wird, läßt sich die Frage nicht allgemein lösen. Die Regelung der Staatsangehörigkeit der Saarländer anläßlich der Eingliederung des Saarlandes in die Bundesrepublik mag als Beispiel erwähnt werden.

Staatensukzession ist eine der Hauptursachen der Staatenlosigkeit. Das brauche ich hier nicht zu betonen. Es ist durchaus wünschenswert, daß die Frage der Staatsangehörigkeit im Falle von Gebietsübertragungen so klar wie möglich geregelt wird, und zwar so, daß Staatenlosigkeit so weit wie möglich vermieden wird. Ich darf in diesem Zusammenhang erwähnen, daß die neue Konvention über die Reduktion der Staatenlosigkeit von 1961, von der ich bereits sprach, einen besonderen Artikel enthält, welcher folgendes vorsieht:

Art. 10 (1): „Jeder Vertrag zwischen Vertragsstaaten, welcher eine Gebietsübertragung vorsieht, soll Bestimmungen einschließen, um zu erreichen, daß niemand infolge der Übertragung staatenlos wird. Die Vertragsstaaten sollen sich nach Kräften bemühen, zu erreichen, daß jeder solche Vertrag mit einem Nicht-Vertragsstaat solche Bestimmungen enthält.

(2): In Abwesenheit solcher Bestimmungen soll ein Vertragsstaat, an den ein Gebiet übertragen wird oder der anderswie ein Gebiet erwirbt, seine Staatsangehörigkeit an diejenigen Personen verleihen, die andernfalls infolge der Gebietsübertragung staatenlos würden."

IV.

Völkerrechtliche Konfliktsregeln

Es folgt aus der relativen Freiheit der Staaten, die Staatsangehörigkeit zu regeln, daß Konflikte unvermeidbar sind. Diese Konflikte können zweierlei Folgen haben: Staatenlosigkeit oder mehrfache Staatsangehörigkeit. Dabei muß ich betonen, daß das Wort „Konflikt", welches aus dem internationalen Privatrecht stammt, im Falle dieser Frage des öffentlichen Rechts nicht ganz zutreffend ist.

A.

Staatenlosigkeit

Die Staatenlosigkeit kann entweder originäre bzw. absolute Staatenlosigkeit sein, das ist der Fall bei einer Person, die von Geburt staatenlos ist, oder relativ, das ist der Fall bei einer Person, die durch Verlust der Staatsangehörigkeit staatenlos wurde.

Insoweit es kaum Völkerrechtsregeln gibt, die Staaten die Pflicht auferlegen, ihre Staatsangehörigkeit zu verleihen, kann

Staatenlosigkeit nicht als völkerrechtswidrig angesehen werden. Es ergibt sich aber aus der Struktur des gegenwärtigen Völkerrechts, daß sie sowohl vom Standpunkt der Staaten als auch von dem des Individuums unerwünscht ist. Die Regelung der Rechtsstellung der Staatenlosen und die Reduktion der Staatenlosigkeit kann entweder durch innerstaatliche Gesetzgebung oder Vertragsrecht erfolgen. In diesem Zusammenhang darf der wohl etwas platonische 1. Absatz des Art. 15 der allgemeinen Menschenrechtserklärung erwähnt werden, nach dem jedermann ein Recht auf eine Staatsangehörigkeit besitzt. Die Bemühungen zur Regelung der Rechtsstellung der Staatenlosen haben zur Annahme einer Konvention über die Rechtsstellung der Staatenlosen durch eine unter den Auspizien der Vereinten Nationen abgehaltenen Konferenz in New York am 28. September 1954 geführt. Diese Konvention regelt den Status der Staatenlosen, ähnlich wie die Konvention über die Rechtsstellung der Flüchtlinge vom 28. 7. 1951, gewährt ihnen jedoch einen etwas weniger günstigen Status. Die Konvention wurde bisher von 12 Staaten ratifiziert.

Versuche zur Ausschaltung oder Reduktion der Staatenlosigkeit gehen bereits auf geraume Zeit zurück. Ihr Erfolg war gering, vor allem wegen des Gegensatzes zwischen jus soli und jus sanguinis-Staaten. Das Haager Abkommen über Staatsangehörigkeitsfragen vom 12. 4. 1930 und das Protokoll über einen Sonderfall von Staatenlosigkeit enthalten Regeln, welche bestimmt sind, die Staatenlosigkeit zu verringern. Abgesehen von dem Protokoll sind sie jedoch im Wesentlichen negativer Natur, d. h. sie legen den Staaten keine Pflicht auf, ihre Staatsangehörigkeit zu verleihen, sondern nur, sie unter gewissen Umständen, wie im Falle des Statuswechsels, nicht zu entziehen, wenn nicht eine andere Staatsangehörigkeit erworben wird. Die Arbeiten zur Ausschaltung der Staatenlosigkeit wurden von der Völkerrechtskommission der Vereinten Nationen zu einem frühen Zeitpunkt wieder aufgenommen. Ich hatte die Ehre, den Berichterstattern der Kommission, Prof. Manley O. Hudson und Professor Roberto Cordova, beizustehen und daher an diesen Arbeiten teilzunehmen. Sie führten zu der Ausarbeitung eines Konventionsentwurfes über die Ausschaltung der zukünftigen Staatenlosigkeit und eines Konventionsentwurfs über die Reduktion der Staatenlosigkeit. Auch der Wirtschafts- und Sozialrat der Vereinten Nationen nahm am 11. 8. 1950 eine

2*

20

Resolution[10] an, welche Empfehlungen an die Staaten für die Reduktion der Staatenlosigkeit enthält. Die Generalversammlung der Vereinten Nationen berief eine internationale Bevollmächtigten-Konferenz in Genf ein, welche die Entwürfe der Völkerrechtskommission erörtern sollte. Diese im März und April 1959 abgehaltene Konferenz nahm den Entwurf der Kommission über die Reduktion der zukünftigen Staatenlosigkeit als Diskussionsgrundlage an. Die Konferenz konnte ihre Arbeiten, wie bereits erwähnt, nicht beenden und wurde im August 1961 in New York fortgesetzt. Sie führte am 30. August 1961 zur Annahme der Konvention über die Reduktion der Staatenlosigkeit, die bisher von 5 Staaten, der Dominikanischen Republik, Frankreich, Israel, den Niederlanden und dem Vereinigten Königreich von Großbritannien und Nordirland, unterfertigt wurde. Abgesehen von den Bestimmungen über den Entzug der Staatsangehörigkeit und die Staatensukzession, die ich bereits erwähnt habe, bestimmt die Konvention im Wesentlichen folgendes:

Die vertragschließenden Staaten verleihen ihre Staatsangehörigkeit an Personen, welche auf ihrem Hoheitsgebiet geboren sind und andernfalls staatenlos wären, entweder:

    a) durch Geburt, kraft Gesetzes, oder
    b) auf Grund eines Antrages.

Im letzteren Falle kann die Verleihung von im innerstaatlichen Recht geltenden Bedingungen abhängig gemacht werden, jedoch nur von einer oder mehrerer der folgenden:

    (i) daß der Antrag innerhalb eines festgesetzten Zeitraumes einzubringen ist, der nicht später als bei Erreichen des 18. Lebensjahres beginnt und nicht früher als bei Erreichen des 21. Lebensjahres endigt, jedoch innerhalb eines Zeitraumes von mindestens einem Jahr dem Antragsteller die Möglichkeit zur selbständigen Antragstellung geben muß;

    (ii) daß die Person ihren ordentlichen Wohnsitz im Hoheitsgebiet während eines Zeitraumes hatte, der insgesamt 10 Jahre und 5 Jahre unmittelbar vor der Antragstellung nicht überschreiten darf;

---

[10] Res. Nr. 319 B III (IX).

(iii) daß die betreffende Person wegen eines Verstoßes
gegen die nationale Sicherheit nicht zu einer Gefängnis-
strafe von 5 oder mehr Jahren auf Grund eines Straf-
verfahrens verurteilt worden ist.

Ungeachtet dieser Bestimmungen erwirbt das ehelich auf dem
Hoheitsgebiet eines Vertragsstaates geborene Kind, dessen Mutter
die Staatsangehörigkeit des Staates besitzt, diese Staatsangehörigkeit durch Geburt, wenn es andernfalls staatenlos wäre.

An Personen, die wegen Überschreitung der Altersgrenze für
die Antragstellung oder wegen Mangels der erwähnten Wohnsitz-
voraussetzung, nicht in der Lage sind, die Staatsangehörigkeit eines
Vertragsstaates, auf dessen Hoheitsgebiet sie geboren sind, zu erhalten, ist die Staatsangehörigkeit von dem Vertragsstaat zu verleihen, dem ein Elternteil zur Zeit der Geburt dieser Person ange-
hörte. In diesem Falle kann die Verleihung von einer oder mehrerer
der folgenden Bedingungen abhängig gemacht werden:

a) Antragstellung vor Erreichung eines festgesetzten Alters,
   das nicht unter 23 Jahren sein darf;
b) Ordentlicher Wohnsitz auf dem Hoheitsgebiet des Vertragsstaates innerhalb eines festgesetzten, der Einbringung
   des Antrages unmittelbar vorangehenden Zeitraumes, der
   drei Jahre nicht überschreiten darf[11].

An nicht auf dem Hoheitsgebiet eines Vertragsstaates geborene
Personen, die andernfalls staatenlos wären, ist die Staatsange-
rigkeit zu verleihen, sofern ein Elternteil zur Zeit der Geburt
dieser Person die Staatsangehörigkeit des Vertragsstaates besaß.
Auch hier kann die Staatsangehörigkeit entweder durch Geburt
erworben oder auf Grund eines Antrages verliehen werden. In
letzterem Falle kann die Verleihung gleichfalls von der Erfüllung
einer oder mehrerer der letzterwähnten Bedingungen abhängig gemacht werden.

Wo die Staatsangehörigkeit auf Antrag verliehen wird, darf der
Antrag bei Vorliegen der Bedingungen nicht zurückgewiesen
werden. Es besteht also ein R e c h t auf die Verleihung der
Staatsangehörigkeit[12].

---

[11] Artikel 1 der Konvention.
[12] Artikel 4

Die Konvention bestimmt weiter, daß ein Findelkind mangels Gegenbeweises als auf dem Hoheitsgebiet des Vertragsstaates geboren gilt wo es gefunden wurde, und als Kind von Eltern, welche die Staatsangehörigkeit dieses Staates besitzen[13].

Die Konvention enthält ferner — ähnlich wie die vorhererwähnte Haager Konvention, jedoch in strafferer Form — Bestimmungen, welche die Staatenlosigkeit im Falle des Personenstandwechsels vermeiden sollen[14].

Verlust oder Aberkennung der Staatsangehörigkeit darf den Verlust der Staatsangehörigkeit durch den Ehegatten oder die Kinder der betreffenden Person nur zur Folge haben, wenn diese eine andere Staatsangehörigkeit besitzen oder erwerben[15].

Die Konvention bedeutet meiner Ansicht nach einen wesentlichen Schritt vorwärts auf dem Wege, die Staatenlosigkeit zu reduzieren. Dies insbesondere deshalb, weil sie zum ersten Mal den Staaten positive Pflichten auferlegt, die Staatsangehörigkeit zu verleihen, insbesondere im Falle von Kindern, die staatenlos geboren sind. Einen weiteren wichtigen Schritt bedeutet die Bestimmung des Art. 11 über die Schaffung einer Körperschaft im Rahmen der Vereinten Nationen, an welche Personen, welche sich auf die Bestimmungen der Konvention berufen, zwecks Untersuchung ihres Anspruches und zwecks Beistandes, sie der zuständigen Behörde gegenüber zu vertreten, herantreten können. Es ist meiner Ansicht nach zu bedauern, daß die Konferenz den weiteren Vorschlag der Völkerrechtskommission nicht angenommen hat, ein internationales Tribunal zu schaffen, welches nicht nur Streitfälle zwischen den Vertragsparteien über die Interpretation und die Anwendung der Konvention entscheiden sollte, sondern auch Beschwerden, welche durch die vorerwähnte Körperschaft ihnen im Namen von Personen unterbreitet würden, welche behaupten, daß ihnen eine Staatsangehörigkeit in Verletzung der Bestimmungen der Konvention verweigert worden wäre. Dieser Punkt, die internationale Schlichtung von Konflikten zwischen Staaten über Staatsangehörigkeitsfragen, wäre meiner Ansicht nach ein bedeutender Schritt zur Regelung solcher Konflikte, wie z. B. die Tätigkeit

---

[13] Artikel 2
[14] Artikel 5
[15] Artikel 6

des Oberschlesischen Schiedsgerichts auf Grund der Konvention über Oberschlesien vom Jahre 1922 gezeigt hat.

B.

Mehrfache Staatsangehörigkeit

Hier erscheint es mehr angebracht, von Konflikten zwischen Staatsangehörigkeitsgesetzen zu sprechen. Ich kann in diesem Rahmen nicht auf die weitgehende Jurisprudenz, die über diese Fragen existiert, die Entscheidungen nationaler und internationaler Gerichte, die Staatenpraxis und die Ansichten von Juristen eingehen. Der Konflikt als solcher kann im Wesentlichen nur durch Verträge geregelt werden. Die Folgen dieser Konflikte haben zur Entwicklung gewisser Völkerrechtsgrundsätze geführt, die teilweise in der vorerwähnten Haager Konvention verankert wurden. „Jeder Staat, dessen Staatsangehörigkeit eine Person besitzt, kann ihn als seinen Staatsangehörigen betrachten[16]", und „Ein Staat darf nicht seinem Staatsangehörigen Rechtsschutz verleihen gegen einen Staat, dessen Staatsangehörigkeit er ebenfalls besitzt"[17]. Verschiedene Kriterien werden verwendet, wenn in einem Drittstaat oder von einem internationalen Tribunal die Frage zu entscheiden ist, welche Staatsangehörigkeit einer Person mehrfacher Staatsangehörigkeit zuzuschreiben ist. Artikel 5 der Haager Konvention sieht vor:

„Wer mehreren Staaten angehört, ist in einem dritten Staate so zu behandeln, als besäße er nur eine Staatsangehörigkeit. Der dritte Staat braucht auf diesem Gebiet, unbeschadet der Rechtsnormen, die dort hinsichtlich des Personalstatuts gelten, und unter Vorbehalt bestehender Staatsverträge, von den Staatsangehörigkeiten der Beteiligten ausschließlich diejenige des Staates anzuerkennen, in dessen Gebiet der Beteiligte seinen gewöhnlichen und hauptsächlichen Aufenthalt hat, oder die Staatsangehörigkeit des Staates, mit dem der Beteiligte den Umständen nach tatsächlich am meisten verbunden zu sein scheint."

Unter diesen Kriterien gewinnt das Kriterium der tatsächlichen Verbundenheit, d. h. der sogenannten effektiven oder aktiven

---

[16] Artikel 3 der Haager Konvention.
[17] Artikel 4 der Haager Konvention.

24

Staatsangehörigkeit den Vorzug zu geben, zunehmende Bedeutung.

Ich kann nicht umhin, in diesem Zusammenhang auf eine Entscheidung des Haager Internationalen Gerichtshofs zu sprechen zu kommen, nämlich die Entscheidung im Falle N o t t e b o h m vom Jahre 1955 zwischen Liechtenstein und Guatemala[18]. Der Tatbestand war kurz folgender:

Nottebohm, 1881 in Hamburg geboren und deutscher Staatsbürger, übersiedelte im Jahre 1905 nach Guatemala, wo er bis 1943 lebte. Er erwarb ausgedehnte Besitzungen in Guatemala. 1943 wurde er verhaftet und als feindlicher Ausländer interniert und schließlich ausgewiesen. Seine Güter wurden sequestriert. Im Oktober 1939, kurz nach Kriegsausbruch, suchte er anläßlich eines Besuches in Liechtenstein um die Verleihung der liechtensteinischen Staatsangehörigkeit an. Nach liechtensteinischem Staatsangehörigkeitsrecht ist ein drei-jähriger Aufenthalt für die Verleihung der Staatsangehörigkeit notwendig, doch kann davon unter Umständen abgesehen werden. Am 13. 10. 1939 wurde Nottebohm, nach Zahlung sehr wesentlicher Gebühren und Steuern, durch Liechtenstein naturalisiert.

Liechtenstein klagte Guatemala, in Ausübung seines diplomatischen Schutzes, daß Guatemala durch die Verhaftung, Anhaltung und Ausweisung Nottebohms und die Sequestierung seines Eigentums ohne Entschädigung, eine Verletzung des Völkerrechts begangen habe und zu Wiedergutmachung und Schadenersatz verpflichtet sei. Guatemala verlangte Nicht-Zulassung der Klage, unter anderem deshalb, weil Liechtenstein nicht bewiesen habe, daß Nottebohm die liechtensteinische Staatsangehörigkeit ordentlich, im Einklang mit den Gesetzen des Fürstentums, erworben habe.

Der Gerichtshof entschied in der Vorfrage über die Zulässigkeit der Klage, daß Liechtenstein nicht berechtigt sei, Nottebohm gegenüber Guatemala diplomatischen Schutz zu gewähren, und daß die Klage Liechtensteins aus diesem Grunde unzulässig sei. In den Gründen wurde unter anderm ausgeführt: Die Frage, ob die Einbürgerung Nottebohms durch Liechtenstein nach liechtensteinischem Recht rechtmäßig gewesen sei, sei nicht zu prüfen. Wesentlich sei,

---

[18] ICJ Reports 1955, Seite 4.

ob Liechtenstein berechtigt sei, ihm aus diesem Grunde gegenüber
Guatemala Rechtsschutz zu gewähren, ob Guatemala verpflichtet
sei, die Auswirkung dieser Einbürgerung anzuerkennen. Das Gericht
erklärte unter anderem: Es sei nicht nötig zu entscheiden, ob das
Völkerrecht Liechtenstein irgendwelche Schranken auferlege, in der
Frage der Naturalisierung frei zu entscheiden. Tatsächlich sei
Nottebohm mit Guatemala weit stärker verbunden gewesen als mit
Liechtenstein. Auf was es ankomme, das sei seine „real and
effective nationality". Ein Staat könne nicht darauf Anspruch er-
heben, daß die Regeln, die er dergestalt niedergelegt habe, von
einem andern Staat anerkannt werden müssen, es sei denn, er
habe im Einklang mit dem allgemeinen Ziel gehandelt, das rechtliche Band der Staatsangehörigkeit mit der echten Verbindung
des Individuums mit dem Staat in Einklang zu bringen, welcher die
Verteidigung seiner Staatsbürger im Wege des Schutzes gegen
andere Staaten unternimmt. Staatsangehörigkeit sei ein rechtliches
Band, welches als seine Grundlage die soziale Tatsache einer echten
Verbundenheit in Existenz, Interesse und Gefühlen habe, zusammen
mit dem Bestande gegenseitiger Rechte und Pflichten. Die Entscheidung wurde mit 11:3 Stimmen gefällt. Die Richter Klaestad
und Read und der ad hoc Richter für Liechtenstein, Guggenheim,
gaben abweichende Meinungen ab.

Über die Entscheidung hat sich eine große Literatur gebildet.
Sie wurde vielfach kritisiert, vor allem deshalb, weil angenommen
wurde, diese Entscheidung führe eine Relativität des Schutzrechts
ein, ein Staat könne seine Staatsbürger gegenüber einem Staat
schützen, aber nicht gegenüber anderen. Tatsächlich hat sich der
Gerichtshof lediglich auf die Frage, die ihm zur Entscheidung vor-
lag, beschränkt.

Ich glaube, das Gericht hätte die Klage zulassen und auf den
Grund des Petitums eingehen sollen. Nottebohm wurde als „feindlicher Ausländer" behandelt, und dazu war Guatemala berechtigt, ob
Nottebohm liechtensteinischer Staatsangehöriger war oder nicht.
Ein Staat ist berechtigt, im Kriegsfall durch innerstaatliches Recht
zu bestimmen, welche Personen als Feinde anzusehen sind, wobei
es nicht ausschließlich auf die Staatsangehörigkeit ankommt.

Man darf in das Urteil nicht hineinlesen, was nicht darin ist.
Eines ist sicher: Das Gericht hat sich klar für den Grundsatz der

sogenannten „effektiven" Nationalität entschieden. Es hat fest-
gestellt, daß die liechtensteinische Staatsangehörigkeit nicht anerkannt werden müsse, da sie nicht effektiv gewesen sei.

Von deutschen Entscheidungen darf ich auf die Entscheidung
des Bundesverwaltungsgerichts in dem Falle einer deutschen Staatsangehörigen hinweisen, die im Jahre 1951 einen aus Litauen stam-
menden Mann heiratete, dem die Botschaft der litauischen Exil-
regierung in London 1950 einen litauischen Paß ausgestellt hatte.
Mit der Begründung, daß die Klägerin durch die Eheschließung
Ausländerin wurde, verlangte die Behörde von ihr die Rück-
gabe des Bundespersonalausweises, in dem sie als deutsche Staatsangehörige bezeichnet worden war. Die Klage gegen diese Entscheidung hatte in allen drei Instanzen Erfolg. Das Bundesverwaltungsgericht begründete die Entscheidung damit, daß die
litauische Staatsangehörigkeit dem Erwerber nicht die Verwirkli-
chung derjenigen Rechte ermöglicht, die eine Staatsangehörigkeit
gewähren kann, die in vollem Umfang in dem zu ihr gehörenden
Staatsgebiet anerkannt wird. Der litauische Staatsangehörige be-
finde sich in dieser Hinsicht in der Lage eines Staatenlosen. Auch
wenn also die Klägerin durch die Eheschließung die litauische
Staatsangehörigkeit erworben haben sollte, würde sie dadurch die
deutsche Staatsangehörigkeit nicht verloren haben. Das Gericht
betrachtete damit die Frage der Effektivität der Staatsangehörigkeit als maßgebend[19].

Ich bin damit am Schlusse meiner Ausführungen angelangt. Ich
glaube, es gibt völkerrechtliches Gewohnheitsrecht auf dem Gebiet
der Staatsangehörigkeit nur als abgeleitetes Recht, d. h. aus
allgemeinen Grundsätzen des Völkerrechts ergeben sich gewisse
Folgerungen für das Staatsangehörigkeitsrecht, gewisse Einschrän-
kungen der Freiheit der Staaten, Staatsangehörigkeitsfragen zu
regeln und auch gewisse positive Pflichten.

Gibt es allgemeine Regeln des Völkerrechts auf dem Gebiete
des Staatsangehörigkeitsrechts? Ich glaube nicht, wenn man von
einer Ausnahme absieht: dem Prinzip der effektiven Staatsangehörigkeit. Dieses ist, seit der Entscheidung im Nottebohm-Fall,

---

[19] BVerwG, IC 119/57, Die Öffentliche Verwaltung, 1959, Seite 866.

über die Frage der Lösung von Konflikten im Falle mehrfacher Staatsangehörigkeit hinaus bedeutsam geworden. In diesem Falle handelte es sich nicht um einen Doppelstaatsbürger, lediglich die Staatsangehörigkeit Liechtensteins stand zur Beurteilung.

Dies ist meiner Ansicht nach eine neue Entwicklung, die auch sonst vielfach zum Ausdruck kommt. Schätzel hat von *de facto* Staatenlosigkeit und *de facto* Staatsangehörigkeit gesprochen. *De facto* Staatenlose sind Personen, die zwar formell eine Staatsangehörigkeit haben, aber keine effektive Staatsangehörigkeit. Er sprach von der Tendenz, solche *de facto* Staatenlose, unter anderem die Flüchtlinge, als „*de facto* Staatsangehörige des Aufenthaltsstaates" zu betrachten. Die Genfer Konvention über die Rechtsstellung der Flüchtlinge vom 28. Juli 1951, der bisher 36 Staaten beigetreten sind, ist ein Beispiel. Sie schafft als neuen Völkerrechtsbegriff den Begriff des Flüchtlings und macht keinen Unterschied zwischen dem staatenlosen Flüchtling und dem, der noch eine formelle Staatsangehörigkeit besitzt. Der Flüchtling wird in seinem Personalstatut dem Recht des Aufenthaltsstaates unterstellt, und und es werden ihm nach der Konvention in vielerlei Hinsicht die gleichen Rechte eingeräumt wie den Staatsangehörigen des Aufenthaltsstaates.

Hier, in der Tendenz, das Hauptgewicht auf die Effektivität der Staatsangehörigkeit zu legen, bahnt sich neues Recht an. Ob die New Yorker Konvention von 1961 zu einer Reduktion der Staatenlosigkeit führen wird, wird die Zukunft lehren.

Die Konferenz, welche die Konvention im vergangenen Jahr in New York annahm, empfahl auch, *de facto* Staatenlose so weit als möglich *de jure* Staatenlosen gleichzustellen, um es diesen zu ermöglichen, eine effektive Staatsangehörigkeit zu erwerben. Wenn die Konvention in diesem Sinne angewandt werden sollte, wäre ihre Auswirkung weitgehend. Ich glaube aber, daß die Konvention, über den Vertragsrahmen hinaus, als Ausdruck gewisser Tendenzen der völkerrechtlichen Entwicklung zu werten ist. So kann man auch auf dem menschlich so tragischen Gebiet der Staatenlosigkeit auf eine bessere Zukunft hoffen. Hinter Begriffen wie Staatsangehörigkeit oder Flüchtlingseigenschaft steht ja häufig tragisches menschliches Schicksal.

Das Völkerrecht ist Recht in der Entwicklung. Diese Entwicklung ist notwendig eine langsame. Wir leben auf vielen Gebieten des Völkerrechts in einer Zeit des Übergangs. Alte Regeln werden obsolet, neue sind noch nicht bindende Regeln, aber sie zeichnen sich ab. Dies gilt besonders auf dem Gebiet der Menschenrechte, und das Staatsangehörigkeitsrecht ist ein Teil davon, es sei denn, man betrachte die Staatsangehörigkeit als einen reinen Formalbegriff. Die Frage der Entwicklung des Völkerrechts auf dem Gebiet der Staatsangehörigkeit ist daher ein Teil der gesamten großen Frage der Entwicklung der Stellung des Invididuums im Völkerrecht, der Frage des Übergangs vom Völkerrecht zum Menschheitsrecht.